Inhalt

Reiseveranstalter - schwerer Kampf gegen die Onlineportale

Kernthesen

Beitrag

Fallbeispiele

Zahlen und Fakten

Weiterführende Literatur

Impressum

Reiseveranstalter - schwerer Kampf gegen die Onlineportale

Markus Hofstetter

Kernthesen

- Die deutschen Reiseveranstalter erzielten hierzulande 2012 einen Rekordumsatz.
- Das Geschäft der Reisebüros lief 2012 im touristischen Bereich besser als bei den Geschäftsreisen.
- Die Internetreiseportale wachsen rasant, was den stationären Reisebüros immer mehr zu schaffen macht.
- Viele Städtereiseveranstalter gleichen ihre Stornobedingungen denen der Onlineanbieter an, um im Konkurrenzkampf bestehen zu können.

Beitrag

Reiseveranstalter: Rekordergebnis im Reisejahr 2011/2012

Die Deutschen lassen sich auch weiterhin die Urlaubslaune nicht verderben. Dementsprechend gut geht es der Reisebranche hierzulande. So erreichte der Umsatz der deutschen Reiseveranstalter im Reisejahr 2011/2012 einen Spitzenwert. Ihre Erlöse erhöhten sich nach Angaben des Deutschen Reiseverbandes (DRV) um 5,5 Prozent auf 24,4 Milliarden Euro.

Größter Reiseveranstalter bleibt TUI Deutschland mit rund 4,47 Milliarden Euro Umsatz. Die Zahl der Teilnehmer beläuft sich auf rund acht Millionen. Es folgt Thomas Cook mit 3,2 Milliarden Euro Umsatz und 6,1 Millionen Reisenden. Die Touristik Rewe Group erwirtschaftete mit 3,18 Milliarden Euro etwas weniger Umsatz als der Zweitplatzierte, hat aber mit 6,62 Millionen Reisenden mehr Teilnehmer. Es folgen die FTI Group mit 1,62 Milliarden Euro Umsatz, Alltours mit 1,4 Milliarden Euro und Aida Cruises mit 1,1 Milliarden Euro Umsatz. (1), (2), [Abb. 1]

Reisebüros: Touristikgeschäft wächst dynamischer als Geschäftsreisen

Auch die Reisebüros erzielten laut DRV ein Rekordergebnis. Deren Gesamtumsatz stieg um drei Prozent auf 22,5 Milliarden Euro. Der Umsatz in Touristikgeschäft erhöhte sich um vier Prozent von 14,4 auf 15 Milliarden Euro. Der Bereich Geschäftsreise erzielte ein geringeres Wachstum, der Umsatz erhöhte sich um ein Prozent von 7,4 auf rund 7,5 Milliarden Euro. Die Anzahl der stationären Reisebüros ist 2012 auf insgesamt 9 986 zurückgegangen. Laut DRV arbeiteten 2012 rund 65 000 Personen bei Reisebüros und Reiseveranstaltern. (1), (2), (3), [Abb. 2]

Online gräbt stationären Reiseveranstaltern und Reisebüros das Geschäft ab

Nach Erhebungen der Touristikfachzeitschrift FVW gab es 2011 rund 30 größere Internetreiseportale in Deutschland, die einen nennenswerten Umsatz erzielten sowie ein umfassendes und neutrales Sortiment anboten. Nach Schätzungen haben diese

Onlinereisebüros mit dem Verkauf von Flugtickets, Bahnfahrkarten, Mietwagen, Übernachtungen und Urlaubsreisen rund 7,4 Milliarden Euro Umsatz erzielt. Enthalten sind hierbei auch die Umsätze, die stationäre Reisebüros über das Internet erzielen. Gebucht werden online vornehmlich Einzelleistungen wie Nur-Flug, Bahntickets oder Hotelübernachtungen. Insgesamt werden 21,6 Prozent aller Reisen online gebucht, bei Aufenthalten ab fünf Tagen sind es sogar 28 Prozent. Allerdings gibt es große Divergenzen bei den Touristiksparten. So werden zwar nur 25 Prozent aller Pauschalreisen online gebucht, dafür aber bereits 60 Prozent aller Verkehrsmittel wie Bahn oder Flugzeug und sogar 71 Prozent der Städtereisen.

Entsprechend der wachsenden Beliebtheit des Internets bei den Urlaubern verzeichneten die Onlinereiseportale auch 2012 hohe Zuwächse. Expedia, Ab-in-den-urlaub.de, HRS, Opodo und Co haben ein Buchungsplus von 26 Prozent verzeichnet. Der Verband Internet Reisevertrieb (VIR) rechnet fürs Reisejahr 2013 sogar mit einem noch schnelleren Wachstum des Onlinereisemarktes. Um 27,3 Prozent, erwarten die Marktforscher von GfK, könnte es im Onlinereisegeschäft für die aktuelle Wintersaison nach oben gehen.

Mit dem Zuspruch der reisewilligen Internetnutzer

steigt aber auch die Konkurrenz zwischen den Onlineanbietern. So ist es keine Wunder, dass die Player auf dem Onlinereisemarkt trotz der guten Geschäftslage das Tempo anziehen und verstärkt Werbung machen. Das beliebteste Werbemittel ist dabei das Fernsehen. Laut den aktuellen Nielsen-Daten haben die Reiseportale ihre Werbeinvestitionen im vergangenen Jahr insgesamt um rund ein Drittel von 135,9 Millionen Euro im Jahr 2011 auf 181,8 Millionen Euro gesteigert. Mit einem Plus von 32,6 Prozent auf 134,1 Millionen Euro im Vergleich zum Vorjahr liegt das Medium Fernsehen im Media-Mix der Reiseportale unangefochten an der Spitze. Mit 71 Prozent Zuwachs verzeichnete Out-of-Home eine deutlich höhere Steigerung, jedoch auf geringerem Niveau. Die Werbeausgaben in diesem Bereich beliefen sich auf 14,7 Millionen Euro. (2), (5), (6), (7)

Geschäftsreiseanbieter: Nach einem starken ersten Halbjahr folgt die Ernüchterung

Im Segment Geschäftsreisen hatte das Jahr 2012 für viele Anbieter vielversprechend begonnen. BCD Travel, Marktführer in Deutschland, sprach von ausgesprochen starken ersten sechs Monaten, FCM Travel Solutions von einem sehr guten Start in das

Jahr. Mitte des Jahres wirkte sich jedoch die nachlassende Dynamik auch in der Exportwirtschaft negativ auf die Einnahmen von BCD Travel & Co aus. Dabei hielt sich der Rückgang aber noch in Grenzen. Denn die meisten Anbieter haben am Jahresende trotz schwächerer Nachfrage positive Zahlen vorgelegt. (8)

So schloss BCD Travel mit 112 Geschäftsreisebüros in Deutschland 2012 mit einem Umsatz von über 1,7 Milliarden Euro ab. 2011 waren es laut DRV noch 1,81 Milliarden Euro. (9), (2)

FCM Travel Solutions, Geschäftsreisesparte von Rewe erhöhte von 2011 auf 2012 den Umsatz um 0,6 Prozent auf 1,16 Milliarden Euro. Getragen wurde der Zuwachs vor allem vom Geschäft mit kleinen und mittelständischen Firmenkunden mit einem Reiseetat von bis zu 500 000 Euro. Hier stiegen die FCM-Umsätze immerhin um sechs Prozent. (10)

Die Geschäftsreisesparte Business Plus der Lufthansa City Center (LCC) verbuchte 2012 in Deutschland mit 1,15 Milliarden Euro einen Rekordumsatz. Im Vergleich zu 2011 entspricht das einem Plus von 8,7 Prozent. Ende 2012 gab es hierzulande 80-Business-Plus-Büros. (11)

Das Jahr 2012 liegt in den deutschen Zahlen des

Geschäftsreiseanbieters Carlson Wagonlit Travel (CWT) fast gleichauf mit dem Vorjahr. Insgesamt stieg der vermittelte Umsatz 2012 um 0,8 Prozent auf rund 971 Millionen Euro, die Zahl der Buchungen sank leicht um 1,3 Prozent auf rund 2,6 Millionen. (12)

Veranstalter von Städtereisen: Angleichung der Stornobedingungen an Onlineanbieter

Jahrelang beobachteten die Städtereisenveranstalter in Deutschland die kulanten Hotelstornierungsbedingungen der Internetportale wie HRS und Booking.com, ohne selbst aktiv zu werden. Doch nun haben sie reagiert. Mit TUI, FTI und Thomas Cook bieten gleich drei Branchengrößen neuerdings kulante Regeln an. Ein Grund ist, dass die Onlineanbieter den etablierten Veranstaltern Marktanteile abgenommen hatten. Bis 18 Uhr am Anreisetag darf beispielsweise bei HRS ohne Zusatzkosten abgesagt werden. Vor allem preissensible Kunden sehen deswegen nicht mehr ein, wieso sie anderswo hohe Stornogebühren zahlen sollen.

Bei den nun eingeführten Stornoleistungen setzen die

großen Reiseveranstalter auf stark unterschiedliche Modelle. Wegen zahlreicher Ausnahmeregelungen sind die Angebote oft nur schwer miteinander vergleichbar. FTI zeigt sich am kulantesten. Das Unternehmen erlaubt seinen Städtereisenkunden Absagen bis 14 Uhr am Vortag der Ankunft, ohne zusätzliche Gebühren bei Abschluss der Reise. Einzig Buchungen über Feier-, Messe- und Eventtage am Zielort sind ausgenommen. Seit November 2012 ist das Angebot verfügbar und kommt offenbar gut an. FTI ist nach eigenen Angaben mit den Gästezahlen im Vergleich zum Vorjahr zweistellig im Plus. Zwar hat sich auch die Stornoquote erhöht, aber nur minimal. TUI hingegen knüpft kulantere Stornoregelungen an das "Leistungspaket Plus", durch das dem Kunden zusätzliche Kosten entstehen. Wer die Möglichkeit haben möchte, sein Hotel bis 24 Stunden vor Anreise abzusagen, bekommt weitere Services hinzu, ob er will oder nicht. Ohne zusätzliche Kosten für den Kunden bietet Airtours seine Stornoregelung bereits seit Ende 2011 an. Der Service gilt jedoch ausschließlich für Hotels in Berlin, Hamburg, München und Dresden. Zudem sind Messe und Eventzeiträume ausgenommen. Von Kunden erhält das Unternehmen positives Feedback zu diesem Service, allerdings machen nur wenige Reisende davon Gebrauch.

Jedoch nutzen nicht alle Anbieter kulante

Stornobedingungen, um Kunden zurückzugewinnen. Dertour verweist zwar auf kulante Handhabung von Hotelabsagen bei Städtereisen, hat aber kein gesondertes Programm aufgelegt. Auch ITS hält sich zurück, da nach Unternehmensangaben die meisten Kunden nach Preis und Leistungsbedingungen fragen, nicht aber nach Stornobedingungen. (13)

Fallbeispiele

Rewe: Bündelung der Marken

Europaweit rangiert die Touristiksparte von Rewe mit 4,7 Milliarden Euro Jahresumsatz auf Platz drei, in Deutschland streitet sie sich sogar mit Thomas Cook um Platz zwei mit Weltmarktführer TUI. Da der Anbieter bislang unter einem halben Dutzend halbwegs bekannten Marken auftrat, darunter ITS, Tjaereborg oder Meiers Weltreisen, wurde dieser als Touristikanbieter des Supermarktriesen Rewe nie wahrgenommen.

Das ändert sich jedoch. Die rund 2 100 Reisebüros des Konzerns firmieren nun unter der Dachmarke "DER

Touristik". Das Logo trägt einen stilisierten Koffergriff über dem "E" und ist in demselben Rot gestaltet wie Rewes eigenes Schriftbild. Damit will der Anbieter seine Präsenz deutlich verbessern. Schon bis zum Jahresende sollen 750 Reisebüros unter dem neuen Logo an den Start gehen. Gleichzeitig ist unter der Adresse "DER.com" eine gemeinsame Internetverkaufsplattform an den Start gegangen, die das gesamte Sortiment der Rewe-Reiseveranstalter im Angebot hat. Die Ausgaben für das Dachmarkenkonzept belaufen sich auf einen Betrag in zweistelliger Millionenhöhe. Ein organisatorischer Umbau ist damit nicht verbunden. Weiterhin sollen die Pauschalreisen unter den Marken ITS, Jahn Reisen und Tjaereborg von Köln aus verkauft werden, die Bausteinanbieter Meiers Weltreisen, ADAC Reisen und Dertour bleiben dagegen in Frankfurt, ebenso der Geschäftsreisespezialist FCM Travel Solutions. (14)

Schmetterling: Höherer Umsatzzuwachs mit Fair-Play-Partnern

Die Reisebürokooperation Schmetterling hat im Jahresvergleich, Stichtag war der 31. März 2013, den Umsatz um 7,9 Prozent auf rund 1,7 Milliarden Euro gesteigert. Bei den sogenannten Fair-Play-Partnern, zu denen FTI und Schauinsland gehören, legte der Umsatz sogar um 24,2 Prozent zu. Diese Veranstalter haben sich für fünf Jahre unter anderem zu zweistelligen Provisionen verpflichtet. Ende 2012 zählte die Schmetterling-Kooperation 2 698 Partner. Die 105 Abgänge wurden durch 234 Neuzugänge mehr als ausgeglichen. In den ersten vier Monaten dieses Jahres sind 158 Büros dazugekommen.

2013 steht die neue Technikplattform Argus 3 im Blickpunkt. Argus 3 ist der Nachfolger des Mid- und Backoffice-Systems Argus 2. Die neue Technik, die bereits von mehr als 300 Reisebüros genutzt wird, dient unter anderem auch als Nachrichtenkanal, Reservierungssystem und Schulungsplattform. Im nächsten Schritt soll das Beratungsinstrument Vanessa integriert werden. Zudem soll Argus 3 auch einen Überblick über die erzielten Provisionen eines Reisebüros liefern. Bis Jahresende sollen 90 Prozent aller Argus-2-Nutzer umgestellt werden. (15)

Zahlen & Fakten

Abbildung 1: Die größten deutsche Reiseveranstalter nach Umsatz und Teilnehmern 2011-2012*

| Anbieter | Umsatz | Teilnehmer |
in Mio. Euro	in Mio.	
TUI Deutschland	4472	8
Thomas Cook	3200	6,1
Touristik Rewe Gr.	3176	6,62
FTI Group	1624	3,1
Alltours	1400	1,75
Aida Cruises	1100	0,63
Schauinsland Reisen	701	0,93
GTI Travel	320	0,62
Phoenix Reisen	304	0,18
TUI Cruises	291	0,17

* Tourismusjahr 2011/12, endet 31.10.2012. Quelle: FVW Entnommen aus: FAKT Markt- und Wirtschaftsinformationen, D: Reisemarkt 2009-2012, (4)

Abbildung 2: Immer weniger Reisebüros

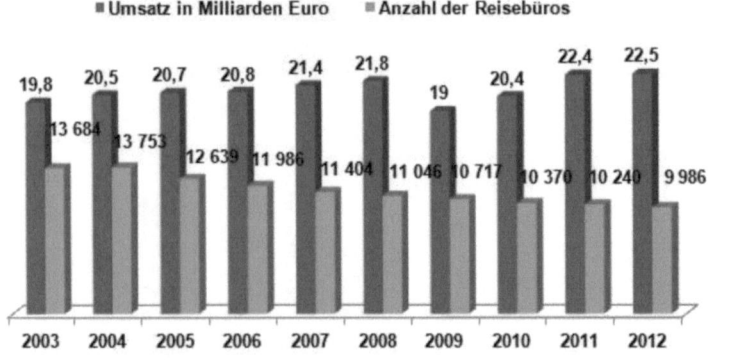

Quelle: DRV Vertriebsdatenbank; DER Marktforschung Entnommen aus: Fakten und Zahlen 2012 zum deutschen Reisemarkt des DRV, (2)

Weiterführende Literatur

(1) Reisebranche nach Umsatzrekorden zuversichtlich
aus Handelsblatt online vom 28.02.2013

(2) Zahlen und Fakten zum deutschen Reisemarkt 2012
aus Handelsblatt online vom 28.02.2013

(3) Gute Aussichten am Counter
aus fvw Nr. 09 vom 26.04.2013 Seite 074

(4) D: Reisemarkt 2009-2012
aus Werben und Verkaufen, 10/2013, S. 14

(5) Online-Reiseanbieter geben im Fernsehen Vollgas
aus horizont.net vom 28.02.2013

(6) Barrierefreies Reisefieber
aus Horizont 33 vom 15.08.2013 Seite 028

(7) Reisefieber im Internet
aus Handelsblatt Nr. 026 vom 06.02.2013 Seite 026

(8) Gedrosseltes Tempo
aus fvw Nr. 23 vom 16.11.2012 Seite 044

(9) Zahlen, Daten, Fakten zu BCD Travel vom
Entnommen am 30.09.2013
aus fvw Nr. 23 vom 16.11.2012 Seite 044

(10) Hoffen auf den Mittelstand
aus fvw Nr. 11 vom 24.05.2013 Seite 047

(11) LCC mit Rekord
aus fvw Nr. 04 vom 15.02.2013 Seite 038

(12) CWT Deutschland punktet 2012 mit hoher
Kundenzufriedenheit und stabilen Zahlen
aus news aktuell, 2013-02-19

(13) Storno ist nicht gleich Storno
aus fvw Nr. 02 vom 18.01.2013 Seite 062

(14) Rewe bündelt Reisegeschäft
aus Handelsblatt Nr. 072 vom 15.04.2013 Seite 019

(15) Flug der Schmetterlinge
aus fvw Nr. 10 vom 10.05.2013 Seite 032

Impressum

Reiseveranstalter - schwerer Kampf gegen die Onlineportale

Bibliografische Information der deutschen Nationalbibliothek

Die Deutsche Nationalbibliothek verzeichnet diese Publikation in der deutschen Nationalbibliografie; detaillierte bibliografische Daten sind im Internet über http://dnb.d-nb.de abrufbar.

ISBN: 978-3-7379-3012-3

© 2015 GBI-Genios Deutsche Wirtschaftsdatenbank GmbH, Freischützstraße 96, 81927 München, www.genios.de

Alle Rechte vorbehalten. Dieses Werk ist einschließlich aller seiner Teile – z.B. Texte, Tabellen und Grafiken - urheberrechtlich geschützt. Jede Verwertung außerhalb der Grenzen des Urheberrechtsgesetzes bedarf der vorherigen Zustimmung des Verlags. Dies gilt insbesondere auch für auszugsweise Nachdrucke, fotomechanische Vervielfältigungen (Fotokopie/Mikroskopie), Übersetzungen, Auswertungen durch Datenbanken oder ähnliche Einrichtungen und die Einspeicherung und Verarbeitung in elektronischen Systemen.